刑法學

CRIMINAL LAW

講義

LECTURE NOTES

羅翔 著

U0103503

用良知駕馭我們之所學，
而不因所學蒙蔽了良知。

前　言

每一次學習都是為了追求智慧

　　這是一本寫給非專業人士的法律書籍，很感恩能有這樣的機會。

　　有人問我，為什麼那麼多人願意學習刑法？是因為兇殺、暴力、色情的內容吸引眼球嗎？也許有這個因素，但這絕非關鍵性的原因。

　　在我看來，包括刑法在內的每一門學科都可以引發人們嚴肅的思考，啟迪人們對真理的向往，每一個人都有學習看似艱深的專業知識的能力。如果把人類的知識比作一棵大樹，刑法不過是這棵大樹中一根極小分杈中的枝條。但這根枝條依然有對普遍真理的追求，正是這種對真理的追求撥動了人們的心弦。

　　法律要追求公平和正義，刑法更是如此，如果沒有對客觀真理的持守，法律必然淪為一種工具，技術主義的法學思維就可以為任何結論提供精緻的論證，同時也以所謂的專業意見拒絕民眾一切的意見與質疑。

　　人類的有限性，讓我們無法獲得對世界的整體性認識。我們對真理每一個面相的把握如同盲人摸象，任何知識都需要接受必要的懷疑，以擺脫知識的獨斷與傲慢。

但懷疑的目的是為了相信，是為了在追求真理的道路上穩步前行，而不是拒絕真理、擁抱虛無。我們的有限性決定了法律所追求的正義是有瑕疵的，但並不代表正義是不存在的。

大象是客觀存在的，它並非人類的假設，雖然我們只能摸著它的一部分，但無數摸象的人也許能夠盡量拼湊出象的整體。因此，永遠不要在自己看重的立場上附加不著邊際的價值，要接受對立觀點的合理性。專業人士也必須俯下身段，傾聽民眾樸素的智慧。

作為學者，我們時常生活在一種幻象之中，認為真正的知識一定是高雅的，大眾傳播都是下里巴人，娛樂至死。但這是一種傲慢與偏見，甚至是另一種形式的不學無術。真正的知識一定要走出書齋，要影響每一個願意思考的心靈。每一個人都擁有學習的能力與權利，每一種學習從根本上都是對普遍真理的回應。因此，所有的專業都具有大眾性，都可以從不同方面滿足人們對真理的追求。

很高興，我能走上普法的劇場，普及法治的觀念。亞里士多德定義法治的基本內涵有二：良法而治、普遍遵守。法律永遠要追求共性的良善，去真正滿足每個人心靈深處的正義感。唯此，法律才可能獲得普遍的遵守。這種對正義的渴望本身就存在於民眾的內心，我們只不過用專業的刑法語言去召喚、去共情、去傾聽、去啟發人們內心對正義的向往。

我們學習知識，是為了追尋它背後的智慧。在知識爆炸的今天，每個人都有一定的知識焦慮感。可是我們的生命是有限的，不可能追逐無限的知識。這本書無法讓你立刻成為刑法學專家，但能夠為你提供相對完整的刑法體系，從犯罪論、刑罰論，再到具體罪名的定罪量刑，讓你學會用法學思維去看待現實事件。我會在你熟悉的實際案例，甚至"張三"的犯罪故事中運用刑法學進行分析，有些觀點很可能會顛覆你對於法律的認知，但這都能讓你培養出獨立、睿智的思維方式，啟發你帶著法律的智慧回歸到日常生活和工作中去。

有人曾經問智者，智慧是什麼？智者給了他三個錦囊，說這裏有三種智慧，涵蓋了人生中一切智慧的精華。

第一個錦囊中寫著謙卑。

第二個錦囊中寫著謙卑。

第三個錦囊中還寫著謙卑。

蘇格拉底說，承認自己的無知乃是開啟智慧的大門。

作為一個刑法老師，我時常在與其他專業朋友的交流中發現自己的有限和愚蠢，自己的虛偽與虛榮。

我一直覺得，自己所得一切皆非所配。很多的榮光不過草船借箭，眾人將我不該有的榮譽投射於我。既然登上普法的舞台，就希望能夠演好給定的劇本，並從容接受下場的命運。

親愛的朋友，讓我們在每一次的學習中追求智慧，尋找人生的使命，對抗虛無與虛榮。

繁體版前言

感謝香港三聯書店，讓這本書得以與中國大陸以外的讀者朋友們見面。

刑法雖然是一種地方性知識，但也帶有普遍性的一面。阿基里斯在古希臘神話中以速度出名，但是在芝諾的問題中，他卻永遠追不上一隻正常爬行的烏龜。假如，烏龜每秒可以爬行 1 米，而阿基里斯的速度就是每秒 10 米，阿基里斯和烏龜賽跑，但是阿基里斯讓烏龜先爬了 100 米自己再出發，當阿基里斯跑完 100 米後，烏龜爬行了 10 米，阿基里斯只好再次出發追趕烏龜，但是在阿基里斯跑完 10 米後，烏龜又向前爬行出了 1 米，如此循環下去，時間和距離可以無限分割，因此無論阿基里斯怎麼努力，他都無法真正追趕上烏龜，因為烏龜會製造無數個起點。在現實中，這樣的事情不可能發生，阿基里斯很快可以追上烏龜，但是芝諾的這個理論確實讓人疑惑，如果時間可以被無限分割下去，芝諾和烏龜之間就永遠存在細小的時間間隔。中國古人慧施也說："一尺之棰，日取其半，萬世不竭。"當共相分裂為無數的殊相，我們的生活將會成為沒有意義的碎片，我們也會迷失在無盡的時間森林之中。同理，如果一種知識只具有純粹的地方性，那麼無限細分的知識只會讓人感到紊亂。

因此，刑法的共性在於解決人性幽暗的問題，人並不是完美的存在，僅靠道德自律無法壓制人性的幽暗，每個人的內心都有

無數 "張三"（本書的主人公）可以釋放。刑法的重要功能就是通過懲罰犯罪維護社會秩序，但是刑法又要防止懲罰犯罪的力量異化為社會的破壞力量。正是這樣一種 "既要又要" 的看似悖論化的思維支撐著現代刑法的諸多設計。

本書有許多怪異案件，這些案件都來源於人性深不可測的黑洞。作為法律學者，我時常提醒自己，當我們凝視黑洞，黑洞也在凝視我們，但願法律可以給我們力量抵制黑洞的誘惑。

法治的觀念讓我們對包括 "正義" 在內的一切 "高尚" 詞彙持審慎的懷疑態度，因為人性的不完美很容易讓所有看似美好的事物坍塌。但是，承認自己的無知乃是開啟智慧的大門，但這並不代表著真理的虛無，只是我們自認為的知識要接受批判。批判的目的不是解構，而是建構；懷疑的目的是為了確信，而不是虛無。

法律雖然不是公平和正義本身，但它始終要朝著公平和正義前進。

再次感謝香港三聯以及各位讀者朋友。

目　錄

第一章　刑法基礎知識

刑法：犯罪人的大憲章

刑法的基本原則

刑法的解釋

刑法的效力

第六章　侵犯公民人身權利、民主權利罪